LOI GÉNÉRALE

DE

L'ÉVOLUTION DE L'HUMANITÉ

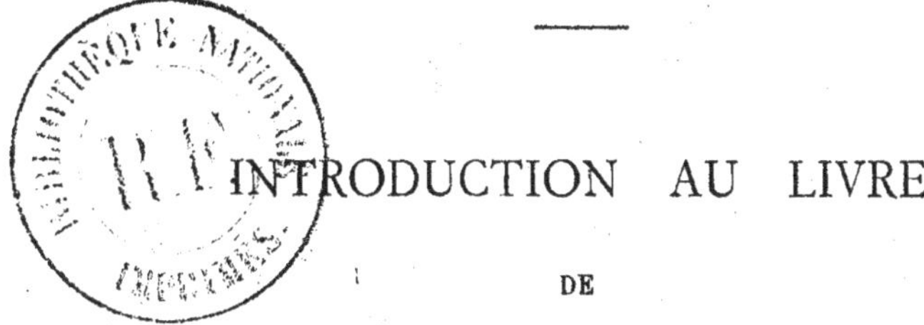

INTRODUCTION AU LIVRE

DE

L'AUTONOMIE DE LA PERSONNE HUMAINE

PAR

Le Professeur Émile ACOLLAS

Prix : 1 franc.

Droit et Liberté

PARIS
GARNIER FRÈRES, LIBRAIRES-ÉDITEURS
6, RUE DES SAINTS-PÈRES, 6

1876

LOI GÉNÉRALE

DE

L'ÉVOLUTION DE L'HUMANITÉ

INTRODUCTION AU LIVRE

DE

L'AUTONOMIE DE LA PERSONNE HUMAINE

LOI GÉNÉRALE

DE

L'ÉVOLUTION DE L'HUMANITÉ

INTRODUCTION AU LIVRE

DE

L'AUTONOMIE DE LA PERSONNE HUMAINE

PAR

Le Professeur Émile ACOLLAS

Prix : 1 franc.

Droit et Liberté.

PARIS
GARNIER FRÈRES, LIBRAIRES-ÉDITEURS
6, RUE DES SAINTS-PÈRES, 6

1876

Ergo vivida vis animi pervicit.
Lucrèce, De naturà rerum.
Lib. I.

Qu'est-ce que l'homme?

D'où vient-il et où va-t-il?

L'homme est par excellence une personne ; il est, entre tous les êtres, un être doué de conscience ; or, par là j'entends que l'homme est l'être qui se distingue lui-même le mieux des autres, celui qui a le sentiment le plus complet et le plus précis de l'ensemble des choses, et en même temps de son propre rapport avec cet ensemble, l'être qui a la notion la plus profonde de la règle — en somme le seul qui ait l'idée du droit, du devoir et d'une destinée.

D'où vient l'homme? où va-t-il?

D'où il vient? — De l'unique et vaste substance commune, de la matière éternelle, toujours mue par une force intime, toujours s'agrégeant et se désagrégeant, toujours se combinant en des formes et en des êtres nouveaux!

Où il va? — Il va vers l'évolution intégrale de la portion de la force motrice qu'il recèle en lui — et le maximum atteint, qu'adviendra-t-il de l'espèce?

Sans doute, elle disparaîtra ; sans doute, elle ira en dégénérant de plus en plus jusqu'à ce que les derniers hommes aient restitué leurs éléments à cette grande Nature, à ce Tout immense d'où émergent tous les individus et où tous ils rentrent.

Voilà la donnée générale.

Reconnaissons et précisons maintenant, s'il est possible, la loi qui gouverne l'évolution de l'espèce humaine.

Que l'on tienne ou non pour scientifiquement démontré que l'homme dérive de la monère primitive, de ce composé infime d'albumine et de carbone si voisin de la matière inorganique, ou que l'on se contente de remonter aux âges où l'espèce a positivement paru sur la terre, si l'on compare les commencements, fort peu différents pour tous les hommes, au terme actuel dans les hommes les mieux doués, ce qui est ici le procédé légitime, quel intervalle, quelle distance ne mesure-t-on pas ?

Au début, sur ce petit globe, lui-même si lentement formé et lui-même toujours évoluant, je vois pour mon compte un être qui, par son intelligence comme par son aspect, se distingue à peine des animaux les plus élevés. Dans la forêt qu'il habite, tout le trouble, tout l'effarouche, il n'a que des besoins grossiers et encore manque-t-il de moyens pour les satisfaire ; il est sans armes, il est nu, il ne sait comment se défendre contre la nature ennemie.

Combien de siècles s'écoulera-t-il avant qu'il ait

assis sa prédominance sur ce qui l'entoure? Combien avant même qu'il ait parcouru les étapes des premières civilisations?

Enfin, il est venu le grand jour où l'homme a vaincu, il est venu le jour où il ose se dresser en face des cieux et de la terre et scruter le secret des choses. Philosophie, tu fus le couronnement!

Primum Graius homo mortales tollere contrà
Est oculos ausus....

Or, qui a fait tous ces changements, qui de l'être misérable qu'était l'homme à l'origine a fait cet être tournant de plus en plus les forces de la nature à son usage, domptant de plus en plus la nature? qui a fait la science? qui a fait la philosophie?

Souffle intérieur, force capable de produire l'idéal et capable aussi de nous en rapprocher, c'est par toi que l'homme est sorti de son limon, c'est par toi qu'il s'est élevé peu à peu et qu'il est devenu ce qu'il est, c'est par toi qu'en méditant sur lui-même et sur les choses, c'est par toi qu'en renouvelant son être, il a renouvelé la face de la terre!

Ainsi c'est à cette puissance intime que l'homme doit tout.

Mais cette puissance quelle est-elle? ce tout, quel est-il?

La puissance, le souffle, l'esprit que l'homme porte en lui, c'est cette qualité de la matière, qualité suprême et sublime! qui donne le mouvement à tous les êtres et qui les transforme à chaque instant. Dans l'homme comme dans l'ensemble de l'univers, il n'y a pas une autre puissance active que celle-là, et celle-là dans l'homme ne diffère de ce qu'elle est dans les autres êtres que par l'intensité, c'est-à-dire par le degré, par la quantité.

Tel est le résultat que la science arrive de plus en plus à constater.

Et, en effet, considérons l'homme actuel dans les sociétés dites civilisées, nous voyons que ce qui manifeste le mieux la puissance existant en lui, c'est qu'il a en général une certaine conception du but de son existence, c'est qu'il propose un certain idéal à ses actes et à sa vie. Mais cette conception et cette idée, lorsque l'on descend jusqu'aux types humains les plus grossiers, ce n'est pas trop de dire qu'on n'en retrouve plus aucune trace.

Donc, à moins d'admettre l'existence d'une foule d'humanités qui différeraient entre elles par la substance même, il est scientifiquement certain que ce n'est que par la quantité plus grande de la puissance active accumulée en eux que les types les plus élevés l'emportent sur les plus bas.

Et la démonstration peut être continuée de l'homme aux autres animaux, comme des autres animaux aux végétaux, car dans le monde organique la série n'est interrompue en nul point ; il s'y trouve des formes plus compliquées et plus parfaites les unes que les autres ; mais, à part cette différence qui n'a trait qu'à l'arrangement des parties et au degré de l'énergie intime, toute la nature organique est la même.

Et entre la nature organique et la nature inorganique le pont n'est pas loin d'être jeté par la science actuelle !

Pourquoi d'ailleurs la puissance qui agite toute la matière est-elle plus abondante dans l'homme que dans les autres êtres ? Nous ne le savons pas, non plus que nous ne savons pourquoi elle est répartie inégalement d'un homme à un autre.

Voilà pour la puissance et pour la nature de cette puissance ; voyons le tout qu'elle engendre.

Le tout n'est pas mesurable, car il varie sans cesse, car il s'étend sans cesse, le tout est un indéfini ; le tout, ce fut à l'origine ce point imperceptible qui constitua le premier pas de l'homme en avant ; le tout, ce sont aujourd'hui toutes ces conquêtes qu'une industrie merveilleuse a réalisées même sur l'espace et sur le temps ; ce sont ces horizons que la science va constamment en découvrant ; le tout, c'est le pouvoir de disposer de soi-même et des choses, c'est, pour le dire en un mot, la liberté avec son extension continue, avec ses développements toujours nouveaux.

Mais jusqu'où ira-t-elle, cette liberté ? Est-elle susceptible d'un accroissement sans limites ?

Autant vaudrait demander si l'homme obtiendra jamais la souveraineté de l'univers, s'il sera jamais ce Dieu que nos pères ont rêvé.

Puisque l'homme fait partie de l'univers, il n'est pas douteux que, comme les autres êtres, il est et il sera toujours soumis à la nécessité qui est au fond des lois de l'univers ; il n'est pas douteux qu'il n'aura jamais l'absolue possession de lui-même, jamais l'absolue domination de la nature ; mais ce qui le caractérise, c'est que, mieux que l'ensemble des autres êtres, sur notre petite planète du moins il est apte à se dégager des liens qui l'enserrent et à s'ouvrir une carrière de plus en plus large. Son progrès peut et doit donc être défini d'après cette donnée, et, quant à sa supériorité, elle consiste en ce que c'est en lui que la puissance active de la nature arrive à une certaine conscience d'elle-même, que c'est en lui qu'elle atteint le comble et qu'elle devient ce que nous nommons la liberté.

En somme, la liberté déjà acquise ou l'aptitude à l'acquérir, voilà la vraie, l'unique mesure de la valeur relative des individus, des races et des peuples ; les races et les peuples qui sont appelés à vivre et à durer sont seulement ceux que stimulent les énergies de la liberté, ceux que le résultat de l'effort de la veille laisse toujours insatisfaits, ceux qui s'en font un point d'appui et un levier pour agrandir leur sphère d'action du lendemain.

Voilà les races et les peuples auxquels l'avenir appartient !

Car, ainsi que l'a remarqué l'illustre Darwin, il en est des sociétés comme des individus ; toutes ne présentent pas, il s'en faut de beaucoup, une égale aptitude au progrès ; il y en a qui s'y montrent absolument réfractaires ; il y en a d'autres qui, après avoir longtemps marché à l'avant-garde, s'arrêtent en route, pionniers fatigués ! L'esprit de vie et de liberté souffle où il peut !

Sachons donc, sur ce point, nous dégager des illusions qui nous tiendraient le plus au cœur. Toutes les sociétés, après avoir parcouru un certain cycle, sont condamnées à mourir, et, dans le nombre, il en est qui sont destinées à ne jamais vivre ; ce n'est que pour l'Humanité prise en masse, et tant que celle-ci n'aura pas atteint le plus haut degré de sa marche ascendante, que la loi de l'émancipation graduelle, que le progrès demeurera une condition permanente et nécessaire.

Et le progrès, qu'est-il finalement en lui-même ? Et quel plus haut terme, au temps actuel, pouvons-nous lui assigner ?

Ce qu'est finalement le progrès ? Il est le grand principe de la sélection naturelle appliquée aux sociétés humaines : aussi, voyez comme il procède. Il élimine d'une façon inévitable, quoique souvent insensible, les sociétés retardataires, celles qui ne peuvent suivre les autres ou qui ne savent conserver la position prise, et toujours il pose une idée nouvelle de la destinée de l'homme en face des réalités de la destinée des hommes, et toujours l'Humanité, dans les conditions du présent, marche en avant, et chaque pas qu'elle fait l'affranchit de cette matière dont elle est issue et qui l'étreint.

Quant à l'idéal du progrès au temps actuel, il consiste dans le développement de plus en plus complet de la notion du droit de chacun sur lui-même et par conséquent du devoir de chacun envers tous les autres, dans le développement de plus en plus complet des facultés et de la personnalité de chacun, dans le plus plein affranchissement possible de chacun, dans la plus pleine possession possible de l'individu par lui-même, dans ce que nous nommons : l'autonomie de la personne humaine.

Ces grandes lignes tracées, il nous est permis de tenter de définir la science de la vie en société pour les hommes, d'en mesurer l'étendue, d'en indiquer la méthode, d'en préciser le but, en un mot de donner la formule complète de l'immense science de la politique.

La politique, qu'est-elle, que peut-elle être, sinon une partie de l'histoire de la nature, la plus haute sans doute à notre point de vue humain, puisque l'homme, dans la hiérarchie naturelle, est l'être le plus haut placé que nous connaissions, mais enfin un chapitre de cette science générale dont les dimensions nous échappent de tous côtés, car elle embrasse l'ensemble des êtres. La science politique, parmi les sciences spéciales, est en même temps la plus vaste de toutes, car elle doit correspondre à tous les aspects que comporte le problème de la sociabilité, et ces aspects se résument dans la contemplation des facultés maîtresses de l'homme, et ce problème est un problème de rapports moraux, de rapports juridiques, de rapports économiques.

La science politique a des éléments propres de décision ; elle a l'histoire qui l'éclaire, mais elle n'a pas de méthode propre, elle ne saurait en avoir une; dépendance de la grande science de la nature, c'est à cette science qu'elle doit emprunter ses procédés, son organe; comme elle, c'est par l'observation intelligente, par la généralisation prudente et hardie qu'elle peut arriver à remonter des effets aux causes et à surprendre le secret de cet avenir qui, quoi qu'en pensent certains esprits positifs et bornés, jamais en rien n'a ressemblé au passé.

Enfin, le but de la science politique est-il à dire? Que peut-il être, sinon l'épanouissement le plus absolu de chaque individu humain, le triomphe de cet état d'autonomie dans lequel, ayant vaincu toutes les superstitions, brisé tous les jougs factices, l'homme s'abandonnant à la force vivifiante de son esprit, évoluera librement et deviendra de plus en plus un être maître de lui-même, une conscience? Alors quelle efflorescence des sciences, des arts, de l'industrie n'est-il pas permis d'entrevoir et par dessus tout quelle extension de la personnalité de l'homme!

Arrivé à ce point, il est bien temps que l'auteur dise quel dessein l'a porté à publier ce livre et à réunir sous un même titre plusieurs écrits traitant de sujets en apparence fort divers.

Nouvelle, il y a une dizaine d'années, l'expression d'autonomie de la personne humaine est aujourd'hui entrée dans la langue philosophique et politique, elle correspond à une conception plus profonde et plus ample de la destinée morale et sociale de l'homme; en même temps qu'elle éclaire d'un jour nouveau la notion de la liberté, qu'elle en révèle et en résume les dimensions idéales, elle ouvre devant l'activité de l'homme des perspectives indéfinies.

L'auteur, on le voit, serait le dernier à s'abuser sur la portée de son titre, il serait aussi le dernier à se faire illusion sur l'insuffisance de son livre; il sait qu'en adoptant l'un et en publiant l'autre, il fait un acte d'audace, mais cet acte était nécessaire à commettre.

Au temps où nous sommes, qu'y a-t-il debout en fait de principes? Rien absolument et le nom même de principes, dans notre France du moins, paraît être devenu un vieux mot et est tombé en un discrédit singulier.

Quel spectacle en effet avons-nous sous les yeux? D'abord, dans l'ordre pratique, où sont les convictions nettes, les convictions vigoureuses, les caractères de forte trempe? Et plus haut, dans les domaines de l'idée, que rencontrons-nous? En regard des idoles vermoulues des religions révélées, existe-t-il une philosophie capable d'élever les esprits, de rapprocher les cœurs, d'unir les hommes dans la pensée vivante de l'avenir qu'ils ont à se faire? Une doctrine s'est répandue (en est-ce seulement l'ombre d'une?) espèce de modelage ou de prototype, si l'on veut, de la société actuelle, dont la méthode est de s'immobiliser dans les voies tortueuses de l'empirisme et dont le profond idéal serait la compréhension du phénomène, abstraction faite de ses causes, du phénomène en lui-même.

Certes, il y aurait puérilité à attacher une importance trop grande à ce qui n'en a aucune au fond, et parce qu'une génération manquerait d'énergie intellectuelle et de souffle, parce qu'elle ne serait occupée que de vivre au jour le jour, que, sceptique et frivole, elle prendrait pour une philosophie ce qui est la négation de toute philosophie, il n'y aurait pas lieu de tomber en une tristesse noire. Les siècles en ont bien vu d'autres — et ils en ont enseveli bien d'autres !

Mais l'époque présente est grave pour le monde entier ; elle l'est pour la France en particulier ; selon le mot d'un des cœurs les plus hauts et d'un des esprits les plus ouverts qu'aient connu nos générations (1), il semble qu'on n'aperçoive nulle part de commencements, que partout on ne voie que des fins ; or, il serait pénible que la France finît par le positivisme de M. Comte, revu même par M. Littré, il serait lamentable qu'elle ne sût pas faire aboutir sa longue évolution intellectuelle à un haut terme de droit et de devoir et qu'elle ne sût pas ramener à une affirmation précise et scientifique la grandiose aspiration du XVIIIe siècle et de la Révolution française.

L'auteur est issu des deux ; mais il est sûr de n'avoir aucun fétiche et il se sent absolument libre d'esprit à l'égard de ses immortels ancêtres ; d'ailleurs, dès sa première jeunesse, il a entrevu la donnée fondamentale de la philosophie naturelle à l'école de Lamarck, de Geoffroy Saint-Hilaire et de

(1) L'illustre Herzen qui vingt ans, au nom de la justice, remua de sa plume le monde slave et que les adeptes du positivisme réclament aujourd'hui — ridiculement — pour leur cause.

Gœthe, et en remontant plus avant encore, celui qu'il salue comme son premier guide, comme son initiateur le plus ancien, celui qui, dans toutes les splendeurs et toutes les magnificences de sa poésie, lui a fait apparaître le système du monde, c'est Lucrèce.

Voulons-nous donc sortir de notre léthargie et de ce chaos d'idées et de faits où nous sommes plongés? voulons-nous remettre à nos descendants agrandie, plus lumineuse et vivifiée, cette portion de l'infinie vérité que nous ont transmise nos pères, sachons clore ce siècle par un acte souverain, sachons nous reprendre, sachons nous résumer dans une formule assez haute, assez large pour unifier et pour embrasser les résultats scientifiques acquis à nos générations; sachons faire une synthèse scientifique nouvelle!

Or, pour faire cette synthèse, avant tout, il nous faut un principe; pour ordonner notre édifice, avant tout, il nous faut une clef de voûte; les hommes les plus versés dans la connaissance de la nature et les plus portés à cette généralisation harmonique qui, seule, est la science, ont dit évolution; à côté d'eux, je dis spécialement pour l'homme : autonomie progressive — et déjà j'ai montré comment, dans l'ordre du droit, on peut construire sur cette base.

Jeunes esprits qui sentez la vie fermenter en vous sous toutes ses formes et qu'enflamme l'amour de l'idée, courage! Dans cette voie, il y a mieux que la vaine gloire des hommes à conquérir, il y a le plus intime contentement de soi-même!

AUX JEUNES GENS.

Vous êtes l'avenir et déjà nous sommes le passé. C'est au passé sans doute et c'est à nous de vous aider à trouver la route; mais c'est à vous de savoir y entrer et y marcher résolument.

L'homme est appelé, de science certaine, à des destinées magnifiques; n'oubliez pas seulement que c'est aux races et aux individus qui sauront les conquérir qu'appartiendront ces destinées.

Jeunes gens, le but de l'avenir est devant vous; il consiste dans l'affranchissement le plus absolu de l'esprit humain et de l'être humain; les moyens pour atteindre ce haut terme, regardez autour de vous et en vous, et vous les verrez surgir! Agrandissez la science et la conscience; vivifiez la première par le souffle intime et par les énergies de la seconde — et, je vous en réponds, par cette force vous vaincrez.

25 janvier 1876.

En mode de conclusion et d'appendice, je reproduis ici quelques lignes où j'ai essayé d'esquisser, dans ses traits principaux, la conception scientifique de l'autonomie de la personne humaine.

A M. Ch. Mismer, à Constantinople

Berne, 3 août 1871.

MONSIEUR,

Je me propose de publier dans quelques mois le cours de droit politique, où j'ai commenté cette année, à Berne, la déclaration des droits de l'homme (Constitution de 93). Peut-être parviendrai-je de cette façon à rendre ma pensée plus claire pour ceux qui me font l'honneur de s'y intéresser.

Voici, au surplus, ce qu'il y a, dans cette pensée, de fondamental.

J'ai avant tout pour objet d'éliminer le plus possible l'ordre de la loi positive, de la coërcition *manu militari*, et de substituer de plus en plus à cet ordre-là, celui de la morale, de la science. Le premier est factice, arbitraire, et je n'aperçois pas qu'il puisse cesser d'être l'un et l'autre, à moins que le pouvoir législatif social ne devienne un jour infaillible. Le second est naturel, nécessaire, et c'est cet ordre là qui, dans l'éternel mouvement des choses, prédomine finalement, constamment, devrais-je plutôt dire? C'est cet ordre-là qui met constamment le mieux à la place du moins bien; c'est cet ordre-là, en un mot, qui, en se faisant de plus en plus, réalise le progrès.

Mais cet ordre, qu'est-il? Qu'est-il en particulier, en ce qui touche l'homme?

C'est là la contre-partie affirmative que ma thèse soulève. Eh bien! quand je regarde l'homme, ce que j'aperçois d'abord c'est que l'homme est une activité, consistant en raison, en sensibilité, en volonté. Cette observation me donne la loi de la nature humaine, et d'emblée, j'arrive à cette conclusion : puisque l'homme est essentiellement une raison, une sensibilité, une volonté, l'homme a le droit et le devoir d'exercer son activité, de développer sa raison, sa sensibilité, sa volonté.

Voilà ma liberté !

Ce droit et ce devoir de l'homme, je ne les affirme pas pour un homme ; j'affirme pour tout homme le droit et le devoir de devenir tout ce que sa nature comporte.

Voilà mon égalité.

Dans les individus, les facultés iront-elles, vont-elles de plus en plus en s'égalisant ? C'est là un contre-aspect, plus profond que le précédent de la question de l'égalité. Je tiens pour l'affirmative, et l'observation historique paraît me donner raison. Mais toutes ces libertés, toutes ces égalités se trouvent-elles sans lien les unes à côté des autres ? Impossible ! Est-ce qu'elles ne font pas toutes partie d'un même tout ? Est-ce que chacune en particulier et toutes ensemble ne sont pas des éléments constitutifs et intégrants de l'ordre et de l'harmonie universelle ? Un homme ne peut avoir son droit et accomplir son devoir, si un autre homme, un seul homme, n'a pas son droit et ne peut accomplir son devoir.

En vain, du reste, parlé-je un langage absolu, mon idée, hélas ! est relative, l'idée complète du droit, l'idée complète du devoir, la pleine puissance de l'un, le plein accomplissemement de l'autre, conceptions et réalités excédant les bornes de la nature humaine, les bornes des choses !

Consolons-nous et reconfortons-nous pourtant; chaque jour elles reculent devant nous, ces bornes, et si, chaque jour, à mesure que nous montons, nous voyons se découvrir des perspectives plus profondes, en revanche nous sentons aussi en nous-mêmes, pour y atteindre, plus de ressources et plus d'amour !

Je dis donc avec vous, Monsieur, solidarité. Je dis solidarité parce que j'ai dit liberté. Et, vous l'avouerai-je ici, pour comprendre comment cette déduction si simple échappe à des intelligences exercées, j'ai besoin, en vérité, de faire effort, j'ai besoin de me souvenir que les hommes les plus préoccupés des idées sont aussi les plus enclins à en abuser, à leur prêter un caractère absolu qu'elles n'ont pas, qu'elles ne peuvent pas avoir, et à faire naître ainsi entre elles des conflits qui n'existent que dans un entendement troublé.

Cet ensemble que je viens d'indiquer, je l'appelle l'autonomie de la personne humaine ; je l'appellerais tout aussi volontiers, la justice pour l'homme, et considérant le penchant qui nous porte naturellement les uns vers les autres, nos facultés affectives, je développe encore ma théorie d'autonomie en y faisant entrer la fraternité.

Tels sont, Monsieur, en définitive, les principaux traits de ce que je nommerais beaucoup trop ambitieusement ma doctrine. Je ne vous tairai pas pourtant que, plus je scrute l'idée qui est ma base, plus je trouve cette idée féconde et plus aussi s'évanouissent pour moi les difficultés qui ont longtemps embarrassé ma recherche scientifique.

Ouvrages de M. Emile ACOLLAS.

Le droit de l'enfant, l'enfant né hors mariage, 1 vol, in-18. troisième édition, Paris, Germer-Baillière, 1870........................ 3 fr.

Nécessité de refondre l'ensemble de nos codes, et notamment le Code Napoléon, avec un appendice contenant le Code civil de la Convention, un volume in-8, deuxième édition. Paris, Guillaumin, 1866.. 3 fr.

L'idée du droit, broch. in-8. Paris, Germer-Baillière; Genève, Desrogis, 1871.. 1 fr. 50

Trois leçons sur les principes philosophiques et juridiques du mariage, broch. in-8, Genève, Desrogis........................ 1 fr. 50

La République et la contre-révolution. Lettre au journal de Genève, broch. in-8, Genève. F. Richard; Bruxelles, A. Lacroix et Verbœkhoven.. 1 fr. 50

La liberté d'enseignement, br. in-8, Paris. Germer-Baillière, avec dédicace au docteur L. Büchner............................ 1 fr. 50

L'autonomie de la personne humaine, questions politiques ou sociales, 1 vol. in-8 (sous presse).

EN COURS DE PUBLICATION.

Les droits du peuple. Cours de droit politique tome I. Commentaire de la Déclaration des droits de l'homme adoptée par la Convention.

L'ouvrage parait par séries de 10 livraisons.

Les trois premières séries sont en vente chez GARNIER frères, libraires-éditeurs, 6, rue des Saints-Pères.

www.ingramcontent.com/pod-product-compliance
Lightning Source LLC
LaVergne TN
LVHW052027160826
845678LV00003B/1238